A Josh Griffey

PISCIS

Una guía para la mejor vida astrológica

STELLA ANDROMEDA

ILUSTRACIONES DE EVI O. STUDIO

cincotintas

III.

Quiero saber más

Introducción

En el pronaos del templo de Apolo en Delfos había una inscripción con la frase «Conócete a ti mismo». Se trata de una de las ciento cuarenta y siete máximas, o normas de conducta, de Delfos y se le atribuyen al propio Apolo. Más adelante, el filósofo Sócrates amplió la idea y afirmó que «una vida sin examen no merece ser vivida».

Las personas buscamos el modo de conocernos a nosotras mismas y de encontrar sentido a la vida e intentamos entender los retos que plantea la existencia humana; con frecuencia, recurrimos a la psicoterapia o a sistemas de creencias, como las religiones organizadas, que nos ayudan a entender mejor la relación que mantenemos con nosotros mismos y con los demás y nos ofrecen herramientas concretas para conseguirlo.

Si hablamos de los sistemas que intentan dar sentido a la naturaleza y a la experiencia humanas, la astrología tiene mucho que ofrecernos mediante el uso simbólico de las constelaciones celestes, las representaciones de los signos zodiacales, los planetas y sus efectos energéticos. A muchas personas les resulta útil acceder a esta información y aprovechar su potencial a la hora de pensar en cómo gestionar su vida de un modo más eficaz.

¿Qué es la astrología?

En términos sencillos, la astrología es el estudio y la interpretación de la influencia que los planetas pueden ejercer sobre nosotros y sobre el mundo en el que vivimos mediante el análisis de sus posiciones en un punto temporal concreto. La práctica de la astrología se basa en una combinación de conocimientos fácticos acerca de las características de esas posiciones y la interpretación psicológica de las mismas.

La astrología es más una herramienta para la vida que nos permite acceder a sabiduría antigua y consolidada que un sistema de creencias. Todos podemos aprender a usarla, aunque no tanto como herramienta para adivinar o ver el futuro, sino como una guía que nos ofrece un conocimiento más profundo y una manera más reflexiva de entender la vida. La dimensión temporal es clave en astrología y conocer las configuraciones planetarias y las relaciones entre ellas en puntos temporales concretos puede ayudarnos a decidir cuál es el momento óptimo para tomar algunas de las decisiones importantes en nuestra vida.

Saber cuándo es probable que ocurra un cambio significativo en nuestras vidas como consecuencia de configuraciones planetarias específicas, como el retorno de Saturno (p. 103) o la retrogradación de Mercurio (p. 104), o entender qué significa que Venus esté en nuestra séptima casa (pp. 85 y 98), además de conocer las características específicas de nuestro signo zodiacal, son algunas de las herramientas que podemos usar en nuestro beneficio. El conocimiento es poder y la astrología puede ser un complemento muy potente a la hora

de enfrentarnos a los altibajos de la vida y a las relaciones que
forjamos por el camino.

Los 12 signos zodiacales

Cada uno de los signos del Zodíaco tiene unas características
que lo identifican y que comparten todas las personas que
han nacido bajo él. El signo zodiacal es tu signo solar, que
probablemente conoces, ya que acostumbra a ser el punto desde
el que empezamos a explorar nuestros senderos astrológicos.
Aunque las características del signo solar pueden aparecer de
un modo muy marcado en la personalidad, solo ofrecen una
imagen parcial de la persona.

La manera como nos mostramos ante los demás acostumbra
a estar matizada por otros factores que merece la pena tener en
cuenta. El signo ascendente también es muy importante, al igual
que la ubicación de nuestra Luna. También podemos estudiar
nuestro signo opuesto, para ver qué características necesita
reforzar el signo solar para quedar más equilibrado.

Una vez te hayas familiarizado con tu signo solar en la primera
parte del libro, puedes pasar al apartado Quiero saber más (pp. 74-
105) para empezar a explorar las particularidades de tu carta astral
y sumergirte más profundamente en la miríada de influencias
astrológicas que pueden estar influyéndote.

Los signos solares

La tierra necesita 365 días (y cuarto, para ser exactos) para completar la órbita alrededor del Sol y, durante el trayecto, nos da la impresión de que cada mes el Sol recorre uno de los signos del Zodíaco. Por lo tanto, tu signo solar refleja el signo que el Sol estaba atravesando cuando naciste. Conocer tu signo solar, así como el de tus familiares, amigos y parejas, no es más que el primero de los conocimientos acerca del carácter y de la personalidad a los que puedes acceder con la ayuda de la astrología.

En la cúspide

Si tu cumpleaños cae una fecha próxima al final de un signo solar y al comienzo de otra, vale la pena saber a qué hora naciste. Astrológicamente, no podemos estar «en la cúspide» de un signo, porque cada uno de ellos empieza a una hora específica de un día determinado, que, eso sí, puede variar ligeramente de un año a otro. Si no estás seguro y quieres saber con exactitud cuál es tu signo solar, necesitarás conocer la fecha, la hora y el lugar de tu nacimiento. Una vez los sepas, puedes consultar a un astrólogo o introducir la información en un programa de astrología en línea (p. 108), para que te confeccione la carta astral más precisa que sea posible.

Tauro

El toro

✱

21 ABRIL – 20 MAYO

Tauro, con los pies en la tierra, sensual y aficionado a los placeres carnales, es un signo de tierra fijo al que su planeta regente, Venus, ha concedido la gracia y el amor por la belleza a pesar de que su símbolo sea un toro. Acostumbra a caracterizarse por una manera de entender la vida relajada y sin complicaciones, si bien terca a veces, y su signo opuesto es el acuático Escorpio.

Aries

El carnero

✱

21 MARZO – 20 ABRIL

Astrológicamente, es el primer signo del Zodíaco y aparece junto al equinoccio vernal (o de primavera). Es un signo de fuego cardinal simbolizado por el carnero y el signo de los comienzos. Está regido por el planeta Marte, lo que representa dinamismo para enfrentarse a los retos con energía y creatividad. Su signo opuesto es el aéreo Libra.

Géminis

Los gemelos

20 MAYO - 20 JUNIO

Géminis es un signo de aire mutable simbolizado por los gemelos. Siempre intenta considerar las dos caras de un argumento y su ágil intelecto está influido por Mercurio, su planeta regente. Tiende a eludir el compromiso y es el epítome de una actitud juvenil. Su signo opuesto es el ardiente Sagitario.

Cáncer

El cangrejo

✦

21 JUNIO - 21 JULIO

Representado por el cangrejo y la tenacidad de sus pinzas, Cáncer es un signo de agua cardinal, emocional e intuitivo que protege su sensibilidad con una coraza. La maternal Luna es su regente y la concha también representa la seguridad del hogar, con el que está muy comprometido. Su signo opuesto es el terrestre Capricornio.

Virgo

La virgen

✦

22 AGOSTO - 21 SEPTIEMBRE

Virgo, representado tradicionalmente por una doncella o una virgen, es un signo de tierra mutable, orientado al detalle y con tendencia a la autonomía. Mercurio es su regente y lo dota de un intelecto agudo que puede llevarlo a la autocrítica. Acostumbra a cuidar mucho de su salud y su signo opuesto es el acuático Piscis.

Leo

El león

✦

22 JULIO - 21 AGOSTO

Leo, un signo de fuego fijo, está regido por el Sol y adora brillar. Es un idealista nato, positivo y generoso hasta el extremo. Representado por el león, Leo puede rugir orgulloso y mostrarse seguro de sí mismo y muy resuelto, con una gran fe y confianza en la humanidad. Su signo opuesto es el aéreo Acuario.

Escorpio

El escorpión

✦

22 OCTUBRE – 21 NOVIEMBRE

Como buen signo de agua fijo, Escorpio es dado a las emociones intensas y su símbolo es el escorpión, que lo vincula así al renacimiento que sigue a la muerte. Sus regentes son Plutón y Marte y se caracteriza por una espiritualidad intensa y emociones profundas. Necesita seguridad para materializar su fuerza y su signo opuesto es el terrestre Tauro.

Libra

La balanza

✦

22 SEPTIEMBRE – 21 OCTUBRE

Libra, un signo aéreo cardinal regido por Venus, es el signo de la belleza, del equilibrio (de ahí la balanza) y de la armonía en un mundo que idealiza y al que dota de romanticismo. Con su gran sentido de la estética, Libra puede ser artístico y artesanal, pero también le gusta ser justo y puede ser muy diplomático. Su signo opuesto es el ardiente Aries.

Sagitario

El arquero

✦

22 NOVIEMBRE – 21 DICIEMBRE

Representado por el arquero, Sagitario es un signo de fuego mutable que nos remite a los viajes y a la aventura, ya sea física o mental, y es muy directo. Regido por el benévolo Júpiter, Sagitario es optimista y rebosa de ideas. Le gusta la libertad y tiende a generalizar. Su signo opuesto es el aéreo Géminis.

Capricornio

La cabra

✦

22 DICIEMBRE – 20 ENERO

Capricornio, cuyo regente es Saturno, es un signo de tierra cardinal asociado al esfuerzo y representado por la cabra, de pisada firme pero a veces también juguetona. Es fiel y no rehúye el compromiso, aunque puede ser muy independiente. Tiene la disciplina necesaria para una vida laboral como autónomo y su signo opuesto es el acuático Cáncer.

Piscis

Los peces

★

20 FEBRERO - 20 MARZO

Piscis tiene una gran capacidad
para adaptarse a su entorno y
es un signo de agua mutable
representado por dos peces que
nadan en direcciones opuestas.
A veces confunde la fantasía con
la realidad y, regido por Neptuno,
su mundo es un lugar fluido,
imaginativo y empático, en el que
acostumbra a ser sensible a los
estados de ánimo de los demás. Su
signo opuesto es el terrestre Virgo.

Acuario

El aguador

★

21 ENERO - 19 FEBRERO

A pesar de que estar simbolizado
por un aguador, Acuario es un
signo de aire fijo regido por el
impredecible Urano, que arrasa
con las ideas viejas y las sustituye
por un pensamiento innovador.
Tolerante, de mente abierta y
humano, se caracteriza por la
visión social y la conciencia moral.
Su signo opuesto es el ardiente Leo.

Conoce a

I.

Piscis

El signo que el Sol estaba recorriendo en el momento en el que naciste es el punto de partida clave a la hora de usar el Zodíaco para explorar tu carácter y tu personalidad.

Signo de agua mutable,
representado por dos peces que,
aunque unidos, nadan
en direcciones opuestas.

Su regente es Neptuno, un
planeta asociado a la fantasía,
el misterio y el posible engaño.

SIGNO OPUESTO

Virgo

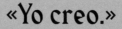

LEMA PERSONAL

«Yo creo.»

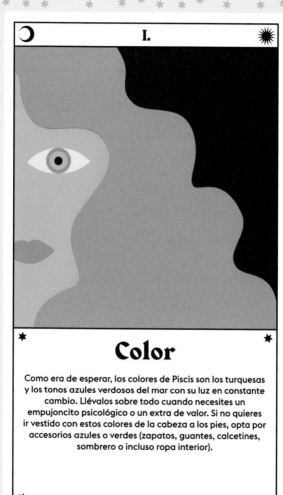

Color

Como era de esperar, los colores de Piscis son los turquesas y los tonos azules verdosos del mar con su luz en constante cambio. Llévalos sobre todo cuando necesites un empujoncito psicológico o un extra de valor. Si no quieres ir vestido con estos colores de la cabeza a los pies, opta por accesorios azules o verdes (zapatos, guantes, calcetines, sombrero o incluso ropa interior).

Día

El viernes. El último día laborable de la semana (para la mayoría de personas) conecta con el duodécimo y último signo del Zodíaco. El viernes también se asocia a la antigua diosa inglesa Frigg, que (en la tradición nórdica) era una *völva*, una hechicera, líder espiritual y sanadora, y a Venus, la diosa romana del amor, la belleza y la fertilidad.

Piedra preciosa

La gema de Piscis es la aguamarina, que nos remite
directamente al agua del mar. Calma y serena la mente
y se dice que promueve la serenidad y la curación.
Los marineros y los navegantes la usan como talismán.

Ubicaciones

Portugal, Marruecos, Samoa y Egipto son algunos de los países que conectan con Piscis y lo recargan de energía. Ciudades como Sevilla, Dublín, Varsovia, Bournemouth o Jerusalén sintonizan con su karma.

V.

Vacaciones

Inevitablemente, le atraen las vacaciones cerca del agua, ya se trate de navegar por los Broads de Norfolk en una vieja barcaza fluvial, hacer rafting o pescar en el Nilo a bordo de una faluca. Piscis necesita agua (y pescado) para relajarse y regenerarse, por lo que un balneario glamuroso también puede ser una opción excelente.

Flores

Las de Piscis son el nenúfar y el loto, bellísimas flores
acuáticas que simbolizan la iluminación y la espiritualidad
de la pureza y del nacimiento divino. También se asocian a
Neptuno, el dios del mar, y se cree que están en consonancia
con la Luna, que controla las mareas.

Árboles

El árbol de Piscis es el sauce, en especial el sauce llorón, por su afinidad con el agua. Sus ramas se inclinan con suavidad sobre el agua y crean un manto misterioso sobre ella. El sauce tiene cualidades curativas: la corteza de sauce contiene salicina, que el organismo transforma en ácido salicílico, un precursor del ácido acetilsalicílico, con propiedades antiinflamatorias y analgésicas.

Mascotas

Un cautivador acuario lleno de maravillosos peces tropicales complacerá mucho a Piscis, que descubrirá que observar sus movimientos le calma el alma y estimula su imaginación. Incluso un par de pececitos de colores en una pecera podrían ser suficientes.

Fiestas

Piscis es generoso y sociable y le encanta organizar fiestas; suelen ser espontáneas, porque no es un planificador meticuloso. Piscis tiene una faceta glamurosa y artística, por lo que acostumbra a ser muy imaginativo a la hora de servir bebidas elegantes, como un *shrub* de champán y arándanos o algo con una base de Curaçao azul.

Las características de Piscis

Imaginativo, empático, intuitivo y, en ocasiones, espiritual hasta llegar al misticismo, Piscis tiene una mente impredecible, como un pez que atrapa la luz mientras avanza a toda velocidad por las profundidades del agua en que habita. Es el duodécimo signo del Zodíaco y simboliza la profunda regeneración espiritual que anuncia la primavera (encarnada por Aries, el signo que le sigue). Es también un signo de agua y une los mundos de la vida interior y exterior. Habita en un punto de la cúspide entre la realidad y los reinos de la imaginación que lo convierte en uno de los signos más creativos.

Huelga decir que Piscis se siente cómodo con sus emociones. Vive sintiendo, literalmente, y cuando dice «Sé cómo te sientes» es porque lo sabe; es la empatía elevada a la enésima potencia. Por eso es tan intuitivo: no puede evitar sentir lo que sientes.

Esto hace de Piscis uno de los amigos más atentos, y es muy capaz de anteponer las necesidades de los demás a las suyas, en ocasiones incluso en detrimento propio: sentir con tanta intensidad puede llegar a ser abrumador. Para sobrevivir, Piscis debe aprender a gestionar estas emociones tan fuertes y asegurarse de no olvidarse de sí mismo. Estas mismas cualidades permiten a Piscis interpretar bien las situaciones sociales y adaptarse en consecuencia; también leen bien a las personas, por lo que algunos de los jugadores de póker de más éxito son Piscis.

La creatividad de Piscis es legendaria y se origina en su capacidad para perderse, casi literalmente hablando, en los confines de su imaginación. Una vez puesta en práctica, esta imaginación es creativa no solo en el sentido artístico, sino también en el más pragmático. En consecuencia, resolver problemas se le da extraordinariamente bien. Por eso pueden ser tan sorprendentes estos seres soñadores: pueden esforzarse y ofrecer resultados siempre que sea en algo que les importe de verdad. Eso sí, Piscis necesita controlar la tendencia a dejarse llevar por la corriente de sus ideas y asegurarse de no perder de vista lo que es posible y lo que no. Si lo consigue, es muy probable que pueda hacer realidad sus mayores sueños.

Su amabilidad y su agilidad mental hacen que Piscis sea una compañía divertida y atractiva y acostumbra a tener muchos amigos, aunque suele ser muy selectivo a la hora de decidir con quién quiere pasar el tiempo. Valora la autenticidad y las ideas por encima de las relaciones superficiales.

ABLANDAR EL AGUA

Las características clave de cualquier signo solar se pueden ver equilibradas (y en ocasiones reforzadas) por las características de otros signos en la misma carta astral, sobre todo los que corresponden al ascendente y a la Luna. Eso explica que pueda haber personas que aparentemente no acaban de encajar en su signo solar. Sin embargo, los rasgos Piscis básicos siempre estarán ahí como una influencia clave e informando el modo de entender la vida de la persona.

La parte física de Piscis

Piscis, que con frecuencia se mueve con agilidad y con movimientos rápidos y gráciles, parece estar tan cómo nadando a favor como en contra de la corriente. Y se reacomoda a medida que avanza por la vida. Sin embargo, en general no es de los signos más robustos, le falta energía pura y acostumbra a resfriarse y a padecer sinusitis. Su salud emocional también fluctúa, porque es muy sensible a las corrientes emocionales que lo rodean, capta las vibraciones de los demás y a veces queda atrapado en ellas, lo que puede resultar abrumador. Por lo tanto, a Piscis le conviene rodearse de personas positivas que lo inspiren y que lo ayuden a desarrollar una actitud más realista y segura.

Salud

Piscis rige los pies, el apoyo del cuerpo, y es ahí donde puede tener más problemas, sobre todo si su naturaleza artística lo impulsa al mundo de la danza. De no ser así, el pie de atleta, la gota, los callos y los juanetes son algunos de sus problemas habituales. La salud emocional de Piscis también puede ser complicada, porque la sobreestimulación mental, dar demasiadas vueltas a las cosas y el cansancio excesivo pueden desembocar en preocupación y agotamiento. Algunos Piscis optan por automedicarse contra esto en un intento de aliviar los síntomas del estrés emocional. Piscis es el signo con más probabilidades de desarrollar problemas de adicción.

Ejercicio físico

Aunque la natación es una opción excelente para Piscis, porque le permite hacer ejercicio y aliviar el estrés al mismo tiempo, también es importante que «ponga los pies en el suelo», por lo que le conviene caminar o correr. Aliviar la tensión del cuerpo ayuda a aliviar la tensión de la mente, sobre todo si el ejercicio se usa como una forma de meditación y de desconexión.

Cómo se comunica Piscis

Piscis sabe escuchar con atención y amabilidad y, con frecuencia, responde no solo con empatía, sino también con ideas y sugerencias creativas acerca de cómo abordar un problema o una situación. Es la persona indicada a la que acudir cuando uno necesita hablar, siempre que sea capaz de ceñirse al tema, porque Piscis tiende a desviarse en procesos de pensamiento largos y, en ocasiones, complicados. Aunque no siempre sea fácil ver a dónde quiere llegar con una idea, si se le sigue la corriente, Piscis acaba llegando a buen puerto, aunque en ocasiones pueda parecer que estamos nadando a contracorriente, literalmente.

El estilo narrativo de Piscis puede hacer que su comunicación sea prolija. Es uno de los grandes cuentacuentos del Zodíaco y, aunque es esencialmente sincero, puede adornar la realidad para hacerla más interesante. Aunque no dejar que la realidad estropee una buena historia puede ser entretenido, Piscis debería ser consciente de que hay veces en que ceñirse a los hechos es lo más apropiado.

La carrera profesional de Piscis

Con frecuencia tan inspirado como inspirador, Piscis puede enfocar sus habilidades a toda una serie de profesiones que tienen que ver con las personas, la creatividad y el mundo de las ideas; básicamente, se puede dedicar a cualquier cosa desde el arte hasta la empresa. Las profesiones centradas en la resolución de problemas son de sus preferidas, mientras que su capacidad para leer a los demás hace de ellos buenos directivos, capaces de promover la armonía en el lugar de trabajo.

Al Piscis más empático también le pueden interesar la psicoterapia o alguna de las profesiones asociadas a esta, como la psicología industrial o el *coaching*. Si tiende a lo espiritual, puede apuntar al reino de la religión y de la asesoría espiritual y ser sacerdote, monje, imán o rabino. Y luego están las profesiones asociadas al agua de un modo más literal y que también pueden interesarle, como la de pescador, marinero o biólogo marino si el foco de su interés está en el fondo del mar.

De todos modos, no deberíamos subestimar el éxito que Piscis puede alcanzar en el mundo de los negocios. La creatividad, la visión y la capacidad de resolución de problemas y leer a las personas son una combinación muy potente, que puede explicar por qué acostumbran a tener tanto éxito y a ganar tanto dinero.

La compatibilidad de Piscis

Ya hablemos de amor o de amistad, ¿cómo se lleva Piscis con los otros signos? Conocer a otros signos y cómo interactúan entre ellos puede resultar útil a la hora de gestionar relaciones, porque entenderemos qué características de los signos solares armonizan o chocan entre sí. La estructura astrológica nos ayuda a tomar conciencia de ello, lo que puede resultar muy útil porque despersonaliza las posibles fricciones y suaviza lo que parece ser opuesto.

Es posible que, para Piscis, armonizar las relaciones sea más un problema que ponderar que una oportunidad que explorar, pero la compatibilidad de Piscis con otros dependerá del resto de influencias planetarias en su carta astral, que matizarán o intensificarán distintos aspectos de las características del signo solar, sobre todo las que, en ocasiones, pueden chocar con otros signos.

La mujer Piscis

La mujer Piscis tiene un aire soñador y romántico que proclama lo extraordinariamente importante que el amor es para ella. Sin embargo, no hay que confundir eso con que se deje pisar, porque acostumbra a ser lo bastante astuta como para reconocer lo genuino cuando lo ve y cuando se trata de encontrar a su pareja ideal, puede ser sorprendentemente realista.

MUJERES PISCIS DESTACADAS

¿Dónde estaríamos sin la visión de la jueza del Tribunal Supremo de Estados Unidos, Ruth Bader Ginsburg? La mayoría de las mujeres Piscis se caracterizan por su compostura, como las superfemeninas actrices Elizabeth Taylor, Eva Longoria y Belén Rueda, la cantante Rihanna y la actriz, productora y activista LGBT Ellen Page.

El hombre Piscis

Atractivo, sensible e ingenioso, el hombre Piscis es un seductor nato, porque valora a las personas, le gusta conocerlas y aplica su imaginación emocional para promover el romance en cualquier situación. Acostumbra a dar más que a recibir, aunque a veces puede tratarse de una estrategia para contener las emociones desbordadas de los demás.

¿Qué Piscis ha alcanzado mayor éxito que el visionario cofundador de Apple, Steve Jobs? Está ahí, a la cabeza, junto al físico teórico Albert Einstein y a Miguel Ángel, el pintor, poeta, escultor y arquitecto renacentista. Los actores Daniel Craig y Javier Bardem, y el cineasta Spike Lee también son Piscis, igual que el añorado escritor Gabriel García Márquez.

¿Quién qui

Piscis
y Aries

Por poco probable que esta
relación pueda parecer a
primera vista, la naturaleza
soñadora y la necesidad
de seguridad de Piscis y la
actitud más dinámica y segura
de Aries ante la vida son
complementarias, por lo que
estos dos signos pueden encajar
muy bien siempre que ambos
usen algo de tacto.

Piscis
y Tauro

Aunque el pragmatismo
extremo de Tauro puede
resultar maravillosamente útil
a la hora de hacer realidad la
visión de Piscis, el toro puede
resultar demasiado tosco para
este romántico empedernido.
De todos modos, ambos
comparten el gusto por la
comodidad.

Piscis
y Géminis

La atracción entre estos
dos signos de mente ágil es
instantánea, aunque también
acostumbra a ser efímera: la
falta de consideración del aéreo
Géminis irrita a Piscis, mientras
que la intensa necesidad de
reafirmación emocional de
Piscis desconcierta a Géminis.

Piscis y Cáncer

Ambos son igualmente emocionales y sensibles, aunque Cáncer es algo más práctico, lo que ayuda a equilibrar la pareja y dota de estabilidad a una relación que, de otro modo, podría ser demasiado fluida. A pesar de que les puede costar un poco asentarse, una vez se comprometen, ambos son leales al otro.

Piscis y Leo

Es un emparejamiento complicado: Leo no puede entender al dubitativo y soñador Piscis y tiende a pisotear sus emociones más delicadas. Por su parte, Piscis no entiende la necesidad de reconocimiento y admiración de Leo y detesta su infinito anhelo de relacionarse con gente.

Piscis y Virgo

Aunque los opuestos astrológicos se pueden complementar bien, la tendencia de Piscis de anteponer los sueños a la realidad puede volver loca a la extraordinariamente meticulosa mente de Virgo. Además, es muy poco probable que entre estos dos pueda haber demasiado romanticismo.

Piscis y Escorpio

La intimidad es inmediata entre estos dos signos de agua potencialmente intensos. La posesividad de Escorpio hace que Piscis se sienta amado, no asfixiado, y ambos son igualmente sensuales e imaginativos, por lo que desarrollan un vínculo sexual potente.

Piscis y Libra

Es posible que, al principio, la relación entre estos dos signos sea armoniosa, porque a ambos les gusta el lado artístico de la vida y comparten una visión similar de lo que es bello. Sin embargo, la necesidad de seguridad emocional de Piscis choca con el anhelo de libertad de Libra, lo que puede acabar perjudicándolos.

Piscis y Sagitario

La posible dificultad de este emparejamiento reside en la necesidad de independencia y de actividad constante fuera de casa de Sagitario, que a Piscis le resulta agotadora. Además, este interpreta como un rechazo la inquietud de Sagitario que, a su vez, encuentra irritante el romanticismo soñador de Piscis.

Piscis
y Acuario

Aunque el innovador Acuario podría parecer la pareja perfecta para el ideal y sensual Piscis, sus ideas contienen demasiado desapego aéreo como para poder comprometerse plenamente con el enfoque emocional de Piscis. Además, Acuario necesita estímulos externos, que frustran la necesidad de intimidad de Piscis.

Piscis y Piscis

Probablemente haya demasiado de bueno en esta pareja (sensibilidad, romance, empatía, sueños e ideas) para que pueda funcionar bien en la vida real. Tanta fluidez emocional puede acabar abrumándolos y desembocar en una interdependencia negativa.

Piscis
y Capricornio

En una demostración de que los opuestos se atraen y se complementan, estos dos signos encajan muy bien. Piscis disfruta de la pasión, la fortaleza de carácter y la actitud positiva de Capricornio que, por su parte, adora la naturaleza afectuosa y romántica de Piscis.

La escala del amor de Piscis

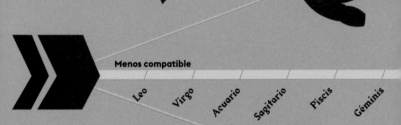

Menos compatible

Leo   Virgo   Acuario   Sagitario   Piscis   Géminis

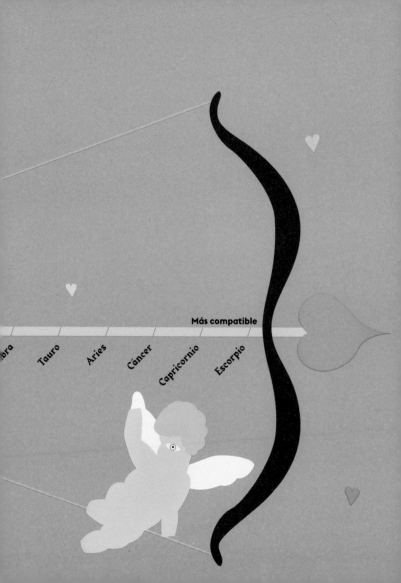

Piscis

II.

en profundidad

En esta sección,
profundizaremos en cómo
puede estar impulsándote o
reteniéndote tu signo solar y
empezaremos a pensar en cómo
puedes usar ese conocimiento
para informar tu camino.

El hogar de Piscis

Es probable que el hogar de Piscis gire en torno al agua, ya se trate de un gran acuario lleno de peces tropicales o de una pecera pequeña con un par de peces de colores. Es posible que incluso tenga un estanque en el jardín. Si no, puede haber paisajes marinos u otras obras de arte relacionadas con los peces colgadas en las paredes u otras referencias a conchas o a la vida marina en la decoración de casa, como por ejemplo el uso de las paletas azul, verde azulada o turquesa. Es probable que los tejidos del hogar sean sensuales y de tacto agradable y que abunden las telas sedosas o satinadas, que recuerdan al centelleo del agua.

Por otro lado, es posible que la faceta artística de Piscis también se note, ya sea en una sala de trabajo, un estudio o un rincón lleno de material de artes plásticas. O quizás haya estanterías cargadas de libros de arte que alimentan su alma creativa. El hogar de Piscis suele estar lleno de visitantes y de conversación, porque este signo atento es también social, gregario y acogedor.

TRES CONSEJOS PARA CUIDARSE

* La reflexología podal, los masajes en los pies o una buena pedicura ayudarán a Piscis a poner los pies en el suelo.

* Reforzar la musculatura abdominal y de la espalda ayudará a Piscis a sentirse más estable.

* Mantenerse bien hidratado ayudará a que las neuronas hiperactivas de Piscis puedan seguir el ritmo.

Cuidados personales

Cuando se trata de cuidar de sí mismo, Piscis debe esforzarse en anclar sus pensamientos fluctuantes en el mundo real y equilibrar el cuerpo y la mente, de modo que coexistan en un todo armonioso. A Piscis le resulta demasiado fácil perderse en su propia mente y pasar horas y horas trabajando en el escritorio para, de repente, preguntarse por qué se siente desconectado de su entorno. Para equilibrarlo, le irá bien todo lo que pueda hacer físicamente para reconectar o para anclar sus emociones en algún tipo de experiencia real.

Comer con regularidad es un buen punto de partida, además de un modo de relacionarse con otros mientras se comparte una misma actividad, algo que a Piscis siempre le gusta. Hacer ejercicio con regularidad (la natación es una elección natural) es muy importante, al igual que encontrar algún modo de reconectar y anclar el cuerpo y la mente. El tai chi va muy bien y el yoga puede añadir una faceta más espiritual al ejercicio, sobre todo si se trata de formas fluidas como el Vinyasa. El Pilates ayuda a anclar la experiencia física en el cuerpo, porque activa la zona abdominal y de la espalda y puede ayudar a equilibrar su faceta más cerebral.

TRES IMPRESCINDIBLES EN LA DESPENSA DE PISCIS

* Sardinas en conserva (en lata) para un aporte de proteínas instantáneo.

* Sal en escamas gourmet para sazonar.

* Higos secos para añadir dulzor natural a la comida.

Piscis:
la comida
y la cocina

No debería sorprendernos que Piscis tienda a convertir la cocina en una forma de arte. Querrá que su comida tenga un aspecto fantástico y es posible que llegue a convertirse en un experto creando platos elegantes con ingredientes deliciosos. A veces, puede incluso dar prioridad a la presentación (y a cómo quedará el plato en Instagram) por encima del sabor.

En términos de dieta, el pescado y el marisco de todo tipo serán de los alimentos preferidos de Piscis, aunque se trata de un signo que puede adoptar una actitud espiritual en relación con la alimentación y optar por el veganismo o, al menos, el vegetarianismo por respeto al resto de seres vivos del planeta. Es poco probable que se deje llevar por las modas y, aunque se decida por un régimen de alimentación concreto, no intentará imponérselo a los demás.

TRES CONSEJOS SOBRE EL DINERO

★ Sé más proactivo en lo relativo a ahorrar para el futuro.

★ Pide siempre una segunda opinión cuando alguien te dé consejos financieros, porque la economía no siempre es el fuerte de Piscis.

★ Si hay un colchón de dinero secreto en algún sitio, asegúrate de que sea legal.

Cómo gestiona el dinero Piscis

A Piscis no le preocupa demasiado acumular grandes sumas de dinero porque sí: eso no acaba de encajar con sus valores espirituales. Sin embargo, sí que reconoce que tener dinero hace que la vida sea más fácil y que todo fluya. Por eso, Piscis acostumbra a trabajar para asegurarse de tener el dinero suficiente. Además, como tiene tanta perspicacia y sabe leer tan bien a las personas, da la impresión de que, por algún motivo, ganar dinero se le da bastante bien. Conservarlo ya es harina de otro costal, porque invertir en sueños no es tan seguro como en ladrillo, aunque Piscis tiene mucha fe, y con razón, en su creatividad y sus capacidades.

Es generoso por naturaleza y, aunque no se deja camelar, acostumbra a compartir el dinero que ha ganado con esfuerzo con quienes lo necesitan, sin pensar demasiado en su propio futuro. El Piscis inteligente sabe que debe equilibrar las entradas y salidas de dinero y eso incluye ahorrar para el futuro.

Piscis
y su jefe

Piscis es considerado por naturaleza, lo que significa que, normalmente, tiene muy en cuenta las necesidades de sus compañeros de trabajo y el trabajo en equipo se le da muy bien. También puede ser una gran inspiración para otros, mientras que su entusiasmo natural y su capacidad de trabajo hacen de él un compañero popular. Piscis piensa en el bien general de la organización y no es posesivo con sus logros, lo que suele agradar a sus jefes. Esa es otra de las habilidades secretas de Piscis: acostumbra a ser muy hábil gestionando a la gente, lo que incluye a su jefe.

Por lo general, es una persona muy agradable y trabajar y llevarse bien con él acostumbra a ser fácil. Sabe lo que vale y también el valor de lo que aporta. Cuando Piscis tiene un problema, suele ser capaz de salir del entuerto hablando y confía en el capital de confianza acumulado con su buen hacer anterior. A veces, incluso falta al trabajo diciendo que está enfermo sin que su reputación salga perjudicada.

TRES CONSEJOS PARA TRATAR AL JEFE

* No explotes las dotes de seducción de Piscis. Úsalas solo cuando sea necesario.

* Pon en práctica todas esas ideas creativas, no endoses a otros esa parte del trabajo.

* Aprovecha las oportunidades de ampliar tu experiencia para desarrollar tu carrera profesional.

TRES CONSEJOS PARA UNA VIDA MÁS FÁCIL

* Ten presente la organización doméstica, para que no se te acumulen las tareas.

* Cuando necesites estar solo, avisa. No desaparezcas sin más.

* Pregunta a los demás si les importa que invites a alguien.

Vivir con Piscis

Piscis puede ser una pareja o un compañero de piso encantador, por su afecto, su carácter juguetón y su sensibilidad naturales, que lo ayudan a sintonizar con las personas que lo rodean. Y esto lo convierte en una de las personas más consideradas con las que se puede vivir... excepto cuando desaparece en su propio mundo. En esos momentos, las cuestiones prácticas de la vida doméstica pueden quedar en segundo o tercer plano mientras Piscis se centra en el proyecto o idea (si no obsesión) que ocupe su mente creativa y su imaginación en ese momento. Sin embargo, es una persona que sabe responder, por lo que solo necesita un toque para recordarle su responsabilidad con quienes convive y, una vez se lo hayan recordado, estará encantado de dejar lo que sea para hacer lo que le toca.

Son muy pocos los Piscis que deciden vivir completamente solos; no son los ermitaños del Zodíaco y prefieren la compañía. Les gusta tener invitados, a quienes pueden ofrecer desde una comida a una cama para pasar la noche o unos días. Lo que sucede es que, a veces, se olvidan de consultárselo antes a su pareja o a sus compañeros de piso.

Piscis
y las
rupturas

Piscis tiene una faceta muy reservada, por no decir secreta, y tiende a retraerse mucho cuando se siente herido. Puede retirarse a meditar profundamente acerca de la relación fallida con su ex, independientemente de quién tomara la decisión de poner fin a la misma. A Piscis no se le da nada bien pedir apoyo o ayuda emocional en momentos así, pero ha de ser realista y no quedarse enganchado al amor perdido. Piscis detesta hacer daño a los demás y siente las cosas con tanta intensidad que tiende a sentir el dolor del otro casi como el propio. Esto puede acabar abrumándolo y llevarlo a retirarse de la sociedad o a escapar de algún otro modo; tardará bastante en recuperarse. Piscis tiende a regodearse en su propia tristeza en lugar de enfrentarse a ella y adoptar medidas positivas para gestionarla.

TRES CONSEJOS PARA UNA RUPTURA MÁS FÁCIL

✱ Trátate bien y confía en un amigo para que te ayude.

✱ Una rutina de *dormir, comer, trabajar, hacer ejercicio, descansar, volver a empezar* te ayudará a superar las primeras semanas hasta que la situación se asiente.

✱ Evita esconderte de la realidad y enfréntate a los problemas cuando aparezcan.

Cómo quiere Piscis que le quieran

Piscis es afectuoso, romántico y, en ocasiones, algo místico en lo relativo al amor, por lo que es casi inevitable que sea también así como quiere ser amado. Pensemos en un caballero de armadura brillante a lomos de un caballo blanco o en una princesa encerrada en la torre del castillo: es muy probable que ambos sean Piscis. Todo gira en torno a cortejar y a ser cortejado de un modo imaginativo y que hace que el amor parezca cosa del destino. De todos modos, Piscis no es de los que se pone las cosas fáciles. Es el signo que tiene más probabilidad de creer en el amor a primera vista, en las almas gemelas y en la trascendencia de la unión espiritual. Y todo eso se puede desplomar con dureza cuando la realidad hace su aparición y el unicornio desaparece en el horizonte. Sea como sea, Piscis puede generar amor suficiente para dos personas y no tarda en emprender la búsqueda de su próximo objetivo romántico.

Con frecuencia, Piscis necesita sentirse necesitado, por lo que tiende a gravitar hacia personas dependientes emocionalmente que no pueden devolverle el amor que necesita.

Cuando esto sucede, acostumbra a haber un desequilibrio que puede llegar a ser problemático. Es importante que Piscis no se deje cegar por la mera apariencia de amor y que mantenga los pies en el suelo hasta que esté seguro del todo.

Piscis también necesita ser amado por alguien que no quede desconcertado por la sensibilidad de sus reacciones ante el mundo, alguien que pueda tranquilizarlo y anclarlo en la seguridad de un amor más realista y duradero. Piscis es una persona muy imaginativa, reflexiva y espiritual y necesita que lo traten con comprensión para sentirse seguro. Olvídate de «darle caña», porque con eso solo conseguirás alienar al tierno Piscis, cuyo ego no soporta ese tipo de jueguecitos. Él es del tipo todo o nada.

En definitiva, si se acuerda de mantener los pies en el suelo y no deja que el corazón rija la mente por completo, Piscis puede ser muy feliz en el amor. Por otro lado, debe recordar no usar el amor como una oportunidad para escapar de la vida real y aprender a reconocer lo «verdadero», que durará.

TRES CONSEJOS PARA AMAR A PISCIS

★ Mantén el contacto con la realidad y no te dejes llevar completamente por una oleada de romanticismo.

★ Acercaos compartiendo algo creativo: recurrid al arte o a la música para reforzar vuestro vínculo.

★ Muchos Piscis están de acuerdo con el dicho: «Obras son amores y no buenas razones».

La vida sexual de Piscis

Piscis puede llegar a tener una imaginación desbocada en el dormitorio y es de los amantes más sensuales y táctiles que existen; con frecuencia, está encantado de compartir sus secretos amatorios. Si se siente comprometido y seguro, se sumergirá sin pensarlo en las profundidades del océano. ¿Sexo tántrico? ¿Juegos de rol? ¿Sexo lánguido y prolongado por la tarde? ¿En el baño o en la ducha? ¿Y qué tal en la playa? Con Piscis, todo es posible, porque expresa sus emociones mediante la sensibilidad del cuerpo y entiende la relación sexual como una extensión de la relación emocional. Para Piscis, el cuerpo y la mente son dos facetas de una misma cosa cuando se trata de hacer el amor.

También se puede mostrar juguetón, porque, en general, Piscis acostumbra a tener un espíritu joven, sea cual sea su edad. Siempre que no use el sexo para ocultar emociones incómodas o para desconectar de la realidad, Piscis puede ser un amante divertido y alegre además de intenso. Es un amante al que le gusta proporcionar placer tanto como recibirlo. En muchos aspectos, puede ser uno de los amantes más fáciles y liberados, aunque no para quien tenga prisa. El sexo con Piscis suele ser un imaginativo banquete de tres platos, no un tentempié rápido.

III.

Quiero

saber

más

Tu signo solar nunca te ofrece
la imagen completa. En este
apartado, aprenderás a leer
los matices de tu carta astral
y accederás a otro nivel de
conocimientos astrológicos.

Tu
carta
astral

Tu carta astral es una instantánea de un momento concreto, en un lugar concreto, en el preciso momento de tu nacimiento y, por lo tanto, es absolutamente individual. Es como un plano, un mapa o un certificado de existencia que plantea rasgos e influencias que son posibles, pero que no están escritos en piedra. Es una herramienta simbólica a la que puedes recurrir y que se basa en las posiciones de los planetas en el momento de tu nacimiento. Si no tienes acceso a un astrólogo, ahora cualquiera puede obtener su carta astral en línea en cuestión de minutos (en la p. 108 encontrarás una lista de sitios y de aplicaciones para ello). Incluso si desconoces la hora exacta de tu nacimiento, saber la fecha y el lugar de nacimiento basta para confeccionar las bases de una plantilla útil.

Recuerda que en astrología nada es intrínsecamente bueno ni malo y que no hay tiempos ni predicciones explícitas: se trata más de una cuestión de influencias y de cómo estas pueden afectarnos, ya sea positiva o negativamente. Y si disponemos de cierta información y de herramientas con las que abordar, ver o interpretar nuestras circunstancias y nuestro entorno, tenemos algo con lo que empezar.

Vale la pena que, cuando leas tu carta astral, entiendas todas las herramientas que la astrología pone a tu alcance; no solo los signos astrológicos y lo que cada uno de ellos representa, sino también los 10 planetas que menciona la astrología y sus características individuales, además de las 12 casas y lo que significan. Por separado, estas herramientas ofrecen un interés pasajero, pero cuando empieces a ver cómo encajan las unas con las otras y se yuxtaponen, la imagen global te resultará más accesible y empezarás a desentrañar información que te puede resultar muy útil.

Hablando en términos generales, cada uno de los planetas sugiere un tipo distinto de energía, los signos zodiacales proponen distintas maneras en que esa energía se puede manifestar y las casas representan áreas de experiencia en las que puede operar dicha manifestación.

Lo siguiente que debemos añadir son las posiciones de los signos en cuatro puntos clave: el ascendente y su opuesto, el descendente; y el medio cielo y su opuesto, el fondo del cielo, por no mencionar los distintos aspectos que generan las congregaciones de signos y planetas.

Ahora será posible ver lo sutil que puede llegar a ser la lectura de una carta astral, lo infinita que es su variedad y lo altamente específica que es para cada persona. Con esta información y una comprensión básica del significado simbólico y de las influencias de los signos, los planetas y las casas de tu perfil astrológico único, puedes empezar a usar estas herramientas para que te ayuden a tomar decisiones en distintos aspectos de la vida.

Cómo leer tu carta astral

Si ya tienes tu carta astral, ya sea manuscrita o por un programa en línea, verás un círculo dividido en 12 segmentos, con información agrupada en varios puntos que indican la posición de cada signo zodiacal, en qué segmento aparecen y hasta qué punto. Independientemente de las características relevantes para cada uno, todas las cartas siguen el mismo patrón a la hora de ser interpretadas.

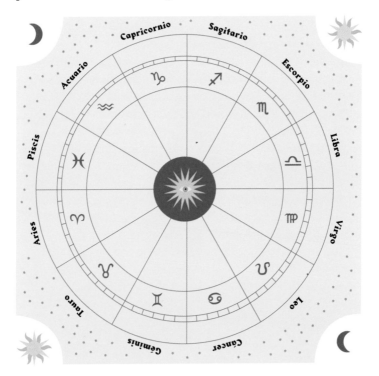

La carta astral se elabora a partir de la hora y el lugar de nacimiento y de la posición de los planetas en ese momento.

Si piensas en la carta astral como en una esfera de reloj, la primera casa (en las pp. 95-99 hablo de las casas astrológicas) empieza en el 9 y se sigue a partir de ahí en sentido antihorario, desde la primera casa hasta la duodécima, pasando por los 12 segmentos de la carta.

El punto inicial, el 9, es también el punto por el que el Sol sale en tu vida y te da el ascendente. Enfrente, en el 3 de la esfera del reloj, encontrarás el signo descendente. El medio cielo (MC) está en el 12 y su opuesto, el fondo del cielo (IC) está en el 6 (más información en las pp. 101-102).

Entender la importancia de las características de los signos zodiacales y de los planetas, de sus energías concretas, de sus ubicaciones y de sus relaciones entre ellos puede ayudarnos a entendernos mejor, tanto a nosotros mismos como a los demás. En nuestra vida cotidiana, la configuración cambiante de los planetas y de sus efectos también se entiende mucho mejor con un conocimiento básico de astrología y lo mismo sucede con las pautas recurrentes que unas veces refuerzan y otras entorpecen oportunidades y posibilidades. Si trabajamos con estas tendencias, en lugar de contra ellas, podemos hacer que nuestra vida sea más fácil y, en última instancia, más exitosa.

El efecto de la Luna

Si tu signo solar representa la conciencia, la fuerza vital y la voluntad individual, la Luna representa la faceta de tu personalidad que tiendes a mantener más oculta, o en secreto. Estamos en el territorio del instinto, de la creatividad y del inconsciente que, en ocasiones, nos llevan a lugares que nos cuesta entender. Esto es lo que otorga tanta sutileza y tantos matices a la personalidad, mucho más allá del signo solar. Es posible que tengas el Sol en Piscis y todo lo que eso significa, pero eso puede verse contrarrestado por una Luna terrenal y pragmática en Tauro; o quizás tengas el Sol en el efusivo Leo, pero también la Luna en Acuario, con la rebeldía y el desapego emocional que eso supone.

Las fases de la Luna

La Luna orbita alrededor de la Tierra y tarda unos 28 días en dar una vuelta completa. Como vemos más o menos Luna en función de cuánta luz del Sol refleje, nos da la impresión de que crece y decrece. Cuando la Luna es nueva para nosotros, la vemos como un mero filamento. A medida que crece, refleja más luz y pasa de luna creciente a cuarto creciente y de ahí a luna gibosa creciente y a luna llena. Entonces, empieza a decrecer y pasa a gibosa menguante, luego a cuarto menguante, y vuelta a empezar. Todo esto sucede en el transcurso de cuatro semanas. Cuando tenemos dos Lunas llenas en un mes del calendario gregoriano, llamamos Luna azul a la segunda.

Cada mes, la Luna también recorre un signo astrológico, como sabemos por nuestras cartas astrales. Esto nos ofrece más información (una Luna en Escorpio puede ejercer un efecto muy distinto que una Luna en Capricornio) y, en función de nuestra carta astral, ejercerá una influencia distinta cada mes. Por ejemplo, si la Luna en tu carta astral está en Virgo, cuando la Luna astronómica entre en Virgo ejercerá una influencia adicional. Para más información, consulta las características de los signos (pp. 12-17).

El ciclo de la Luna tiene un efecto energético que podemos ver con claridad en las mareas oceánicas. Astrológicamente, como la Luna es un símbolo de fertilidad y, además, sintoniza con nuestra faceta psicológica más profunda, podemos usarla para centrarnos con mayor profundidad y creatividad en los aspectos de la vida que sean más importantes para nosotros.

Los eclipses

Hablando en términos generales, un eclipse ocurre cuando la luz de un cuerpo celeste queda tapada por otro. En términos astrológicos, esto dependerá de dónde estén el Sol y la Luna en relación con otros planetas en el momento del eclipse. Por lo tanto, si un eclipse solar está en la constelación de Géminis, ejercerá una influencia mayor sobre el Géminis zodiacal.

Que un área de nuestras vidas quede iluminada u oculta nos invita a que le prestemos atención. Los eclipses acostumbran a tener que ver con los principios y los finales y, por eso, nuestros antepasados los consideraban acontecimientos portentosos, señales importantes a las que había que hacer caso. Podemos saber con antelación cuándo ha de ocurrir un eclipse y están cartografiados astronómicamente; por lo tanto, podemos evaluar con antelación su significado astrológico y actuar en consecuencia.

Los 10 planetas

En términos astrológicos (no astronómicos, porque el Sol es en realidad una estrella), hablamos de 10 planetas y cada signo astrológico tiene un planeta regente. Mercurio, Venus y Marte rigen dos signos cada uno. Las características de cada planeta describen las influencias que pueden afectar a cada signo y toda esa información contribuye a la interpretación de la carta astral.

La Luna

Este signo es el principio opuesto del Sol, con el que forma una díada, y simboliza lo femenino, la contención y la receptividad, la conducta más instintiva y emotiva.

Rige el signo de Cáncer.

El Sol

El Sol representa lo masculino y simboliza la energía que da vida, lo que sugiere una energía paterna en la carta astral. También simboliza nuestra identidad, o ser esencial, y nuestro propósito vital.

Rige el signo de Leo.

Mercurio

Mercurio es el planeta de la comunicación y simboliza la necesidad de dar sentido, entender y comunicar nuestros pensamientos mediante palabras.

Rige los signos de Géminis y Virgo.

Venus

El planeta del amor tiene que ver con
la atracción, la conexión y el placer,
y en la carta de una mujer simboliza
su estilo de feminidad, mientras que
en la de un hombre representa a su
pareja ideal.

Rige los signos de Tauro y Libra.

Marte

Este planeta simboliza la energía
pura (por algo Marte era el dios de la
guerra), pero también nos dice en qué
áreas podemos ser más asertivos o
agresivos y asumir riesgos.

Rige los signos de Aries y Escorpio.

Saturno

En ocasiones, Saturno recibe el nombre de maestro sabio. Simboliza las lecciones aprendidas y las limitaciones, y nos muestra el valor de la determinación, la tenacidad y la fortaleza emocional.

Rige el signo de Capricornio.

Júpiter

Júpiter es el planeta más grande de nuestro sistema solar y simboliza la abundancia y la benevolencia, todo lo que es expansivo y jovial. Al igual que el signo que rige, también tiene que ver con alejarse de casa en viajes y misiones de exploración.

Rige el signo de Sagitario.

Urano

Este planeta simboliza lo inesperado, ideas nuevas e innovación, además de la necesidad de romper con lo viejo y recibir lo nuevo. Como inconveniente, puede indicar una dificultad para encajar y la sensación derivada de aislamiento.

Rige el signo de Acuario.

Plutón

Alineado con Hades (*Pluto*, en latín),
el dios del inframundo o de la muerte,
este planeta ejerce una fuerza muy
potente que subyace a la superficie y
que, en su forma más negativa, puede
representar una conducta obsesiva y
compulsiva.

Rige el signo de Escorpio.

Neptuno

Asociado al mar, trata de lo que
hay bajo la superficie, bajo el
agua y a tanta profundidad que
no podemos verlo con claridad.
Sensible, intuitivo y artístico, también
simboliza la capacidad de amar
incondicionalmente, de perdonar
y olvidar.

Rige el signo de Piscis.

Los cuatro elementos

Si agrupamos los doce signos astrológicos según los cuatro elementos de tierra, fuego, aire y agua, accedemos a más información que, esta vez, nos remonta a la medicina de la antigua Grecia, cuando se creía que el cuerpo estaba compuesto por cuatro fluidos o «humores» corporales. Estos cuatro humores (sangre, bilis amarilla, bilis negra y flema) se correspondían con los cuatro temperamentos (sanguíneo, colérico, melancólico y flemático), las cuatro estaciones del año (primavera, verano, otoño e invierno) y los cuatro elementos (aire, fuego, tierra y agua).

Si las relacionamos con la astrología, estas cualidades simbólicas iluminan más las características de los distintos signos. Carl Jung también las usó en su psicología y aún decimos de las personas que son terrenales, ardientes, aéreas o escurridizas en su actitud ante la vida, mientas que a veces decimos que alguien «está en su elemento». En astrología, decimos que los signos solares que comparten un mismo elemento son afines, es decir, que se entienden bien.

Al igual que sucede con todos los aspectos de la astrología, siempre hay una cara y una cruz, y conocer la «cara oscura» nos puede ayudar a conocernos mejor y a determinar qué podemos hacer para mejorarla o equilibrarla, sobre todo en nuestras relaciones con los demás.

Aire

GÉMINIS ✳ LIBRA ✳ ACUARIO

Estos signos destacan en el terreno de las ideas. Son perceptivos, visionarios y capaces de ver la imagen general y cuentan con una cualidad muy reflexiva que los ayuda a destensar situaciones. Sin embargo, demasiado aire puede disipar las intenciones, por lo que Géminis puede ser indeciso, Libra tiende a sentarse a mirar desde la barrera y Acuario puede desentenderse de la situación.

Fuego

ARIES ✳ LEO ✳ SAGITARIO

Estos signos despiden calidez y energía y se caracterizan por una actitud positiva, una espontaneidad y un entusiasmo que pueden ser muy inspiradores y motivadores para los demás. La otra cara de la moneda es que Aries tiende a precipitarse, Leo puede necesitar ser el centro de atención y Sagitario puede tender a hablar mucho y actuar poco.

Tierra

TAURO ✱ VIRGO ✱ CAPRICORNIO

Estos signos se caracterizan por disfrutar de los placeres sensuales, como la comida y otras satisfacciones físicas, y les gusta tener los pies en el suelo, por lo que prefieren basar sus ideas en hechos. El inconveniente es que Tauro puede parecer testarudo, Virgo puede ser un tiquismiquis y Capricornio puede tender a un conservadurismo empedernido.

Agua

CÁNCER ✱ ESCORPIO ✱ PISCIS

Los signos de agua son muy sensibles al entorno, como el vaivén de la marea, y pueden ser muy perceptivos e intuitivos, a veces hasta niveles asombrosos, gracias a su sensibilidad. La otra cara de la moneda es que tienden a sentirse abrumados y Cáncer puede tender tanto a la tenacidad como a protegerse a sí mismo, Piscis parecerse a un camaleón en su manera de prestar atención y Escorpio ser impredecible e intenso.

Signos mutables, fijos y cardinales

Además de clasificarlos según los cuatro elementos, también podemos agrupar los signos en función de las tres maneras en las que sus energías pueden actuar o reaccionar. Así, las características específicas de cada signo adquieren más profundidad.

Cardinales

ARIES ✳ CÁNCER ✳ LIBRA ✳ CAPRICORNIO

Son signos de acción, con una energía que toma la iniciativa y hace que las cosas comiencen. Aries tiene la visión; Cáncer, la emoción; Libra, los contactos, y Capricornio, la estrategia.

Fijos

TAURO ✳ LEO ✳ ESCORPIO ✳ ACUARIO

Más lentos, pero también más tenaces, estos signos trabajan para desarrollar y mantener las iniciativas que han lanzado los signos cardinales. Tauro ofrece consuelo físico; Leo, lealtad; Escorpio, apoyo emocional, y Acuario, buenos consejos. Podemos confiar en los signos fijos, aunque tienden a resistirse al cambio.

Mutables

GÉMINIS ✳ VIRGO ✳ SAGITARIO ✳ PISCIS

Son signos capaces de amoldarse a ideas, lugares y personas nuevos, tienen una capacidad única para adaptarse a su entorno. Géminis tiene una gran agilidad mental; Virgo es práctico y versátil; Sagitario visualiza las posibilidades, y Piscis es sensible al cambio.

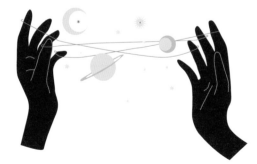

Las 12 casas

La carta astral se divide en 12 casas, que representan otras tantas áreas y funciones en la vida. Cuando nos dicen que tenemos algo en una casa específica, como por ejemplo Libra (equilibrio) en la quinta casa (creatividad y sexo), podemos interpretar de un modo determinado las influencias que pueden surgir y que son específicas a la forma en que podemos abordar ese aspecto de nuestra vida.

Cada casa se asocia a un signo solar y, por lo tanto, cada una representa algunas de las características de ese signo, del que decimos que es su regente natural.

Se considera que tres de estas casas son místicas y tienen que ver con nuestro mundo interior, o psíquico: la cuarta (hogar), la octava (muerte y regeneración) y la duodécima (secretos).

1.ª casa

LA IDENTIDAD

REGIDA POR ARIES

Esta casa simboliza la personalidad: tú, quién eres y cómo te representas, qué te gusta y qué no, y tu manera de entender la vida. También representa cómo te ves y lo que quieres de la vida.

2.ª casa

LOS RECURSOS

REGIDA POR TAURO

La segunda casa simboliza tus recursos personales, lo que posees, incluido el dinero, y cómo te ganas la vida y adquieres tus ingresos. También tu seguridad material y las cosas físicas que llevas contigo a medida que avanzas por la vida.

3.ª casa

LA COMUNICACIÓN

REGIDA POR GÉMINIS

Esta casa habla de la comunicación y de la actitud mental y, sobre todo, de cómo te expresas. También de cómo encajas en tu familia y de cómo te desplazas a la escuela o al trabajo e incluye cómo piensas, hablas, escribes y aprendes.

4.ª casa

EL HOGAR

REGIDA POR CÁNCER

Esta casa habla de tus
raíces, de tu hogar u hogares
presentes, pasados y futuros,
por lo que comprende tanto
tu infancia como tu situación
doméstica actual. También de
lo que el hogar y la seguridad
representan para ti.

5.ª casa

LA CREATIVIDAD

REGIDA POR LEO

Descrita como la casa de la creatividad
y del juego, también comprende el
sexo y se asocia al instinto creativo y a
la libido en todas sus manifestaciones.
También incluye la especulación en
las finanzas y el amor, los juegos, la
diversión y el afecto: todo lo referente
al corazón.

6.ª casa

LA SALUD

REGIDA POR VIRGO

Esta casa tiene que ver con la salud,
la física y la mental, y lo sólidas que
son: tanto las nuestras como las de las
personas a las que queremos, cuidamos
o apoyamos, desde familiares hasta
compañeros de trabajo.

7.ª casa

LAS RELACIONES

REGIDA POR LIBRA

Esta casa, opuesta a la primera, refleja los objetivos compartidos y las relaciones íntimas, tu elección de pareja y lo exitosas que pueden ser las relaciones. También refleja las asociaciones y los adversarios en tu mundo profesional.

8.ª casa

LA REGENERACIÓN Y LA MUERTE

REGIDA POR ESCORPIO

Entiende «muerte» como regeneración o transformación espiritual: esta casa también representa los legados y lo que heredas después de la muerte, tanto en rasgos de personalidad como materialmente hablando. Y como la regeneración necesita sexo, esta casa también es la del sexo y las emociones sexuales.

9.ª casa

LOS VIAJES

REGIDA POR SAGITARIO

Esta es la casa de los viajes a larga distancia y de la exploración, así como de la apertura de mente que el viaje puede traer consigo y de cómo se expresa. También refleja la difusión de ideas, que puede traducirse en esfuerzos literarios o de publicación.

11.ª casa

LAS AMISTADES

REGIDA POR ACUARIO

La undécima casa representa los grupos de amistades y de conocidos, la visión y las ideas. No trata de la gratificación inmediata, sino de los sueños a largo plazo y de cómo estos se pueden hacer realidad si somos capaces de trabajar en armonía con los demás.

12.ª casa

LOS SECRETOS

REGIDA POR PISCIS

Se la considera la casa más espiritual y es también la del inconsciente, los secretos y lo que puede estar oculto; es el metafórico esqueleto en el armario. También refleja las maneras encubiertas en que podemos sabotearnos a nosotros mismos y bloquear nuestro propio esfuerzo negándonos a explorarlo.

10.ª casa

LAS ASPIRACIONES

REGIDA POR CAPRICORNIO

Representa nuestras aspiraciones y nuestro estatus social, cuán arriba (o no) deseamos estar socialmente, nuestra vocación y nuestra imagen pública y lo que nos gustaría conseguir en la vida mediante nuestro propio esfuerzo.

El ascendente

El ascendente es el signo del Zodíaco que aparece en el horizonte justo al alba del día en que nacemos y depende del lugar y de la hora de nacimiento. Por eso, cuando hablamos de astrología resulta útil conocer la hora de nacimiento, porque el ascendente ofrece mucha información acerca de los aspectos de tu personalidad que son más evidentes, de cómo te presentas y de cómo te perciben los demás. Por lo tanto, aunque tu signo solar sea Piscis, si tienes ascendente Cáncer es posible que se te perciba como a una persona con instinto maternal, con un compromiso significativo con la vida doméstica, en un sentido o en otro. Conocer tu ascendente (o el de otra persona) te puede ayudar a entender por qué da la impresión de que no hay una relación directa entre la personalidad y el signo solar.

Si sabes la hora y el lugar en que naciste, calcular el ascendente con una herramienta en línea o una aplicación es muy fácil (p. 108). Pregúntale a tu madre o a algún familiar o consulta tu partida de nacimiento. Si la carta astral fuera una esfera de reloj, el ascendente estaría en el 9.

El descendente

El descendente nos da una indicación de un posible compañero de vida, a partir de la idea de que los opuestos se atraen. Una vez conocido el ascendente, calcular el descendente es muy sencillo, porque siempre está a seis signos de distancia. Así, si tu ascendente es Virgo, tu descendente es Piscis. Si la carta astral fuera una esfera de reloj, el descendente estaría en el 3.

El medio cielo (MC)

La carta astral también indica la posición del medio cielo (del latín *medium coeli*), que refleja tu actitud hacia el trabajo, la carrera profesional y tu situación profesional. Si la carta astral fuera una esfera de reloj, el MC estaría en el 12.

El fondo de cielo (IC)

Para terminar, el fondo de cielo (o IC, por el latín *imum coeli*, que alude a la parte inferior del cielo), refleja tu actitud hacia el hogar y la familia y también tiene que ver con el final de tu vida. Tu IC está enfrente de tu MC. Por ejemplo, si tu MC es Acuario, tu IC será Leo. Si la carta astral fuera una esfera de reloj, el IC estaría en el 6.

El retorno de Saturno

Saturno es uno de los planetas más lentos y tarda unos 28 años en completar su órbita alrededor del Sol y regresar al lugar que ocupaba cuando naciste. Este regreso puede durar entre dos y tres años y es muy evidente en el periodo previo al trigésimo y el sexagésimo aniversarios, a los que acostumbramos a considerar cumpleaños importantes.

Como en ocasiones la energía de Saturno puede resultar muy exigente, no siempre son periodos fáciles en la vida. Saturno es un maestro sabio o un supervisor estricto y algunos consideran que el efecto de Saturno es «cruel para ser amable», al igual que los buenos maestros, y nos mantiene en el camino como un entrenador personal riguroso.

Cada uno experimenta el retorno de Saturno en función de sus circunstancias personales, pero es un buen momento para recapacitar, abandonar lo que ya no nos sirve y reconsiderar nuestras expectativas, al tiempo que asumimos con firmeza qué nos gustaría añadir a nuestra vida. Por lo tanto, si estás pasando, o a punto de pasar, por este evento vital, recíbelo con los brazos abiertos y aprovéchalo, porque lo que aprendas ahora (acerca de ti mismo, fundamentalmente) te será muy útil, por turbulento que pueda llegar a ser, y puede rendir dividendos en cómo gestionas tu vida durante los próximos 28 años.

La retrogradación de Mercurio

Incluso las personas a quienes la astrología no interesa demasiado se dan cuenta de cuándo Mercurio se encuentra retrógrado. Astrológicamente, la retrogradación es un periodo en el que los planetas están estacionarios pero, como nosotros seguimos avanzando, da la impresión de que retroceden. Antes y después de cada retrogradación hay un periodo de sombra en el que podríamos decir que Mercurio ralentiza o acelera su movimiento y que también puede ser turbulento. En términos generales, se aconseja no tomar ninguna decisión relativa a la comunicación durante una retrogradación y, si se acaba tomando, hay que tener en cuenta que es muy posible que no sea la definitiva.

Como Mercurio es el planeta de la comunicación, es fácil entender por qué preocupa su retrogradación y la relación de esta con los fracasos comunicativos (ya sean del tipo más tradicional, como cuando enviábamos una carta y se perdía, o la variedad más moderna, como cuando el ordenador se cuelga y nos causa problemas).

La retrogradación de Mercurio también puede afectar a los viajes, por ejemplo con retrasos en los vuelos o los trenes, atascos de tráfico o accidentes. Mercurio también influye en las comunicaciones personales –escuchar, hablar, ser escuchado (o no)– y puede provocar confusión y discusiones. También pude afectar a acuerdos más formales, como contratos de compraventa.

Estos periodos retrógrados ocurren tres o cuatro veces al año y duran unas tres semanas, con un periodo de sombra antes y después. En función de cuándo sucedan, coincidirán con un signo astrológico específico. Si, por ejemplo, ocurre entre el 25 de octubre y el 15 de noviembre, su efecto tendrá que ver con las características de Escorpio. Por otro lado, las personas cuyo signo solar sea Escorpio o que tengan a Escorpio en lugares importantes de su carta, experimentarán un efecto más intenso.

Es fácil encontrar las fechas de retrogradación de Mercurio en tablas astrológicas, o efemérides, y en línea: se pueden usar para evitar planificar en esas fechas eventos que se pudieran ver afectados. Para saber cómo la retrogradación de Mercurio te puede afectar más personalmente, necesitas conocer bien tu carta astral y entender las combinaciones más específicas de los signos y los planetas en la misma.

Si quieres superar con más tranquilidad una retrogradación de Mercurio, has de tener presente la probabilidad de que surjan problemas, así que, en lo posible, prevé que habrá algún retraso y comprueba los detalles un par de veces o tres. No pierdas la actitud positiva si algo que esperabas se pospone y entiende este periodo como una oportunidad para hacer una pausa, repasar y reconsiderar ideas tanto en tu vida personal como en la profesional. Aprovecha el tiempo para corregir errores o reajustar planes, para estar preparado cuando la energía se desbloquee y todo pueda fluir con más facilidad.

Sitios web en español

carta-natal.es

cosmograma.com

horoscoponegro.com

Sitios web en inglés

astro.com

astrologyzone.com

Aplicaciones (en inglés)

Co-Star

Astrostyle

The Daily Horoscope

The Pattern

Agradecimientos

Quiero transmitir un agradecimiento especial a mi fiel equipo de Tauros. En primer lugar, a Kate Pollard, por su pasión por los libros maravillosos y por haber encargado esta colección. Y a Bex Fitzsimons, por su edición tan benévola como meticulosa. Y, finalmente, a Evi O. Studio, cuyo talento dibujando e ilustrando han producido estas pequeñas obras de arte. Con un equipo tan lleno de estrellas, estos libros no pueden más que brillar.
Y os doy las gracias por eso.

Acerca de la autora

Stella Andromeda estudia astrología desde hace
más de treinta años y está convencida de la
utilidad de conocer las constelaciones celestes
y sus posibles interpretaciones psicológicas. La
traducción de sus estudios en libros ofrece una
visión moderna y accesible de la antigua sabiduría
de las estrellas, que transmite su firme convicción
de que la reflexión y el autoconocimiento
nos hacen más fuertes. Con su sol en Tauro,
ascendente Acuario y Luna en Cáncer, utiliza la
tierra, el aire y el agua para inspirar su
viaje astrológico personal.

La edición original de esta obra ha sido publicada en
el Reino Unido en 2019 por Hardie Grant Books, sello editorial
de Hardie Grant Publishing, con el título

Pisces: A Guide To Living Your Best Astrological Life

Traducción del inglés
Montserrat Asensio

Diagonal, 402 – 08037 Barcelona
www.cincotintas.com

Primera edición: *febrero de 2020*
Sexta edición: *marzo de 2023*

Impreso en España por Agpograf Impressors, S.L.
Depósito legal: B 15512-2021
Código Thema: VXFAI (Signos del zodíaco y horóscopos)

ISBN 978-84-16407-70-5